LES PARASITES
SONT PARMI NOUS

Yvon TABURET

Editions théâtrales ART ET COMEDIE
2, rue des Tanneries
75013 PARIS

PERSONNAGES

La Mère (60 ans)

Jeanne, sa fille (20 ans)

Le Maire (50 ans)

Bébert (30 ans)

Josiane (25 ans)

Rose (30 ans)

Hubert (40 ans)

Jacinthe, son épouse (35 ans)

Raymond (30 ans)

Yakati (35 ans)

DÉCOR

Un intérieur de ferme.

ACTE I

Jeanne, dans la salle, son tablier empli de grain, elle le jette par poignées dans le public.

JEANNE - Petits, petits, petits, piou, piou, piou. Allez, vous pouvez manger, vous ne savez pas qui vous mangera, piou, piou, piou. Tiens j'en vois quelques-unes qui seraient déjà bonnes à plumer… Oh, va être temps que j'te fasse le tri là-dedans, piou, piou, piou, d'autant que j'ai l'impression qu'il y a bien trop d'coqs dans cette basse cour.

LA MÈRE *(voix off)* - Jeanne ! Mais qu'est-ce que tu fiches il faut pas trois heures pour nourrir la volaille ! Arrête de les gaver, ils sont bien assez gras.

JEANNE *(se baissant entre les spectateur)* - Voilà, voilà j'arrive… toujours rien, c'est pas croyable… même pas la queue d'un.

LA MÈRE - Mais qu'est-ce que tu fais à la fin ?

JEANNE - Je cherche les œufs. *(Bruits de tonnerre.)* Calmez-vous la volaille, c'est juste le tonnerre qui gronde. Oh celui-là n'a pas dû tomber loin, nom de d'là, j'aime pas ça, vous non plus mes poulettes, c'est pas un temps à mettre une patte dehors, c'est moi qui vous le dis.

LA MÈRE - Jeanne !

JEANNE - J'arrive !

(Elle s'éclipse en coulisses, le rideau s'ouvre dévoilant un intérieur de ferme. La mère est assise à une table, elle épluche des légumes.)

LA MÈRE - T'as entendu la musique ? Il y a du feu d'artifice dans l'air, va donc chercher la lampe à pétrole, on ne sait jamais.

(Arrivée de Jeanne.)

JEANNE - Quel temps de chien, c'est ça qui indispose les poules…pas une seule ponte… tu te rends compte.

LA MÈRE - Qu'est-ce que tu racontes, un orage n'a jamais empêché une poule de pondre.

JEANNE - Ben si ! Le stress qu'on appelle ça… la poule, du coup, elle est tellement angoissée qu'elle ne fait plus rien, elle se met la tête sous l'aile et elle ne bouge plus !

LA MÈRE - Moi à mon avis, ce sont plutôt tes coqs qui ne bougent plus…

JEANNE – Mais je suis sérieuse la mère, à la ville c'est pareil, il parait qu'ils connaissent bien le phénomène, un surcroît d'activité associé à des événements inhabituels, ça suffit pour vous donner le stress.

LA MÈRE - Et c'est pour cela qu'à la ville ils ne pondent plus ? Tu prends ta mère pour une imbécile ?

JEANNE - Je n'ai pas dit cela.

LA MÈRE - Qu'est-ce que tu m'embrouilles alors avec tes gens de la ville.

JEANNE - C'était pour t'expliquer…

(On entend le tonnerre.)

LA MÈRE - Eh bien moi, je vais t'expliquer que t'as intérêt à fermer les volets parce que si le vent se prend dedans, c'est plus une maison qu'on aura, c'est un avion.

JEANNE - Tu exagères, elle ne va pas s'envoler.

LA MÈRE - Tu me tiens tête à nouveau, puisque je te le dis, allez va sans discuter. C'est incroyable, faut toujours que ça pinaille pour un oui pour un non.

JEANNE - Je pinaille pas, je cherche à te faire comprendre…

LA MÈRE - Elle recommence, ma pauvre fille, ton père serait encore là à c't'heure, jamais t'oserais le quart de la moitié de c'que tu fais maintenant.

JEANNE - Ah c'est sûr qu'il a bon dos l'père, mal d'après mes souvenirs, je pense au contraire qu'il était doux comme un agneau et conciliant comme c'est pas possible. *(Elle réfléchit.)* Je suis sure qu'il était comme ça, ce qui explique mon sens du compromis.

LA MÈRE - Va fermer les volets que j'te dis.

JEANNE - J'y cours maman chérie.

LA MÈRE - M'appelle pas comme ça hypocrite.

JEANNE - J'y cours la mère.

LA MÈRE - Ah quelle engeance, ça ne sait rien et ça a des réponses sur tout, moi d'mon temps… Enfin…

(Elle continue à éplucher ses légumes, dans la salle, arrive un groupe de personnes, le Maire en tête, un membre du groupe prend sans cesse le public en photo, tous portent sacs et valises.)

LE MAIRE - Y a quelqu'un ? Madame Guezec ! Madame Guezec ! C'est moi, le Maire.

La mère - Je rêve ou j'entends des voix? *(Elle s'approche en devant de scène.)* Tiens v'là aut' chose!… Qu'est-ce que vous faites dans mon poulailler?

Le maire - Ne vous offusquez pas Mme Guezec, et pardonnez notre intrusion, mais il y a comme qui dirait cas de force majeure.

La mère - Je veux rien savoir, c'est pas une heure de chrétien pour débarquer ainsi. Revenez quand il fera jour.

Le maire - Je vous dis qu'il y a urgence.

La mère - La seule urgence qui vaille c'est de déguerpir d'ici le plus vite possible et qu'ça saute.

Le maire - Mais enfin Mme Guezec, vous parlez au premier citoyen de la commune, je suis votre Maire.

La mère - y'a qu'une seule mère ici, c'est la mère Guezec! Du balai que j'vous dis.

Le maire - Mme Guezec, je suis ici en qualité d'officier de police, comme le prévoit mon mandat, aussi vous m'écouterez.

La mère - Bien plus têtu qu'une mule, va falloir que j'sorte la fourche pour me faire entendre?

(Arrivée de Jeanne.)

Jeanne - La mère, calme-toi!

Le maire - Pardon!?

Jeanne - J'ai dit : La mère!

Le maire - Ah bon!

La mère - Tu ne vas pas t'y mettre toi aussi, celui qui me commandera dans ma maison n'est pas encore né!

JEANNE - Personne y est encore rentré dans ta maison, tu cries avant d'avoir mal. Prends donc le temps de l'écouter, ça ne t'engage pas.

LA MÈRE *(s'adressant au Maire)* - Qu'est-ce qu'elle veut la commune ?

LE MAIRE - Je suis, chère Mme Guezec, ravi de vous voir revenu à de meilleures dispositions. La commune est une grande famille dont nous sommes tous les enfants. Nous partageons bien sûr les joies, mais aussi les épreuves, et lorsque nous nous trouvons confrontés au malheur eh bien…

LA MÈRE - Aux faits, aux faits… Pas de baratin ni d'entourloupe, qu'est-ce qu'elle veut la commune ?

LE MAIRE - Eh bien voilà, la foudre a frappé à l'entrée du village, à deux cents mètres d'ici. Un grand chêne s'est abattu sur le pont, la route est impraticable.

LA MÈRE - Et vous voulez que j'vienne avec mes p'tits bras, vous soulever votre arbre, c'est ça ?

JEANNE - Laisse-le causer, la mère.

LE MAIRE - Avant que la foudre ne s'abatte, un autocar s'apprêtait à franchir le pont, heureusement le drame a pu être évité grâce à la présence d'esprit du chauffeur qui a su freiner à temps. Alors voilà… je ne vais pas vous faire un dessin, on se retrouve avec des passagers sinistrés, cinquante personnes à caser à droite, à gauche. Le village a fait preuve d'un civisme extraordinaire, une chaîne de solidarité s'est tout de suite forgée, et en venant vous voir, je pensais sincèrement que vous en seriez l'un des maillons.

LA MÈRE - Moi je dis : Chacun chez soi et les vaches seront bien gardées

JEANNE - Monsieur le Maire, vous dites que tout le village s'est manifesté ?

Le maire - Dans un grand élan de générosité, oui Mlle Jeanne. La commune peut être fière de ses administrés.

Jeanne - Ainsi nous serions les seules à rester insensibles face au malheur de ces pauvres gens ?

Le maire - Je le crains Mademoiselle.

Jeanne - Et la mère Robic ? Ne me dites pas que la mère Robic…

Le maire - Mais si, mais si, Mme Robic a accepté, de bonne grâce, de prêter, non pas son lit, mais au moins sa grange.

Jeanne - Tu te rends compte, même la mère Robic, cette vieille rapace, a fait quelque chose. Sans te commander la mère, réfléchis bien avant de te prononcer. Si tu refuses de porter assistance à ces gens, le village jaugera, le village jugera… Et plus tard, lorsque tu traverseras la place de l'église, tes épaules crouleront sous le poids des reproches. Tu voudras t'accrocher au regard de quelqu'un mais pas un ne te fera cette charité. Et tous les yeux que tu rencontreras partiront à la dérive et se détourneront. Si c'est ça que tu veux, alors laisse-les repartir.

La mère - C'est bon la commune, amenez vos gens. Mois je vous préviens : le premier qui me fiche le bazar, je le remets sous la pluie.

Jeanne - Ne vous inquiétez pas monsieur le Maire, tout va bien se passer.

Le maire - Bon eh bien dans ce cas, je vous laisse, j'ai encore fort à faire.

Bébert - A plus tard monsieur le Maire, et encore merci pour tout, merci…

La mère - Arrêtez de remercier comme ça, c'est agaçant. Vous ne dormez pas dans sa maison que je sache !

Bébert - Non madame, dans la vôtre. Merci, merci pour tout, du fond du cœur merci…

La mère - Ça suffit, allez montez, faites le tour et n'oubliez pas d'essuyer vos pieds sur le paillasson, on ne l'a pas mis pour les chiens.

(Ils contournent la scène, entrent en coulisse.)

Jeanne - C'est bien la mère !

La mère - Ma bonté me perdra.

(Arrivée de Bébert, Josiane, et Mlle Rose.)

Bébert - Bonjour mesdames, excusez le dérangement, vous parlez d'une aventure. On part en voyage organisé, et on se retrouve chez l'habitant. Oh, mais je ne me suis pas présenté, faites excuses. Moi c'est Bébert, je suis le chauffeur.

Josiane - Oh, mais c'est chou ici, ça a d'la gueule ! Moi, c'est Josiane, c'est rudement sympa de nous accueillir.

Jeanne - C'est un plaisir !

Josiane - C'est vrai ?

La mère *(d'un air renfrogné)* - C'est un plaisir, puisqu'on vous le dit.

Josiane - On a quand même du bol, on est vraiment vernis. D'abord on évite l'accident, on se demande comment, un vrai miracle. Ensuite on tombe sur des gens super accueillants. Moi je dis qu'on a du pot dans notre malheur.

Mlle Rose - Beuh ! Euh ! Euh ! *(Sanglots bruyants.)*

Josiane - Tiens, ça f'sait longtemps, le bureau des lamentations qui remet ça.

Mlle Rose - Beuh ! Euh ! Euh !

Jeanne - Qu'est-ce qu'elle a ?

BÉBERT - On ne sait pas trop, elle a commencé à nous faire ça juste après le départ lorsqu'elle s'est aperçue qu'on lui avait piqué sa valise. Elle nous l'a refait lorsque j'ai freiné devant l'arbre, faut dire qu'elle s'est mangée à ce moment-là le repose tête de devant… et puis maintenant, ce doit être l'accueil chaleureux. *(Regard lourd vers la mère.)* Elle n'a pas supporté.

LA MÈRE - Il vous plaît pas mon accueil ?

JEANNE - Mais si la mère, mais si, d'ailleurs en parlant d'accueil, venez avec moi, on va s'organiser. *(Elle sort suivie de Josiane et de Mlle Rose.)*

JOSIANE *(s'adressant à Rose)* - Je passe devant vous, ne vous vexez pas mais je ne voudrais surtout pas glisser sur vos larmes, un accident est si vite arrivé pas vrai ? *(Elle met une claque dans le dos de Mlle Rose.)*

Mlle ROSE - Beuh ! Euh ! Euh !

BÉBERT - Mais au fait où sont les autres ?

(Arrivée d'un couple.)

Eh bien, vous êtes seuls, et les autres ?

HUBERT *(très snob)* - Écoutez mon ami, tout à fait entre nous, nous ne sommes pas là pour chaperonner tous les quidams qui nous accompagnent n'est-ce pas ? Par moment, je le trouve très déconcertant ce chauffeur, qu'en pensez-vous très chère ?

JACINTHE - Mon bon ami, je partage pleinement votre ressenti. Ce chauffeur a parfois tendance en effet à se départir de son rôle et à se reposer sur l'initiative de ses passagers. Autorisez-le à devenir plus familier encore, et vous verrez qu'il vous fera faire la vidange de son car.

HUBERT - Et dire qu'il nous faut nous résigner à une telle promiscuité. Mon Dieu quelle épreuve n'est-ce pas ?

JACINTHE - Cher Hubert, votre présence me sécurise, ce milieu me semble si extravagant, au fait devons-nous saluer l'indigène ?

HUBERT - Ne vous en souciez pas, ma mie, je me charge d'établir le contact. Hum hum ! *(Il s'éclaircit la voix et claironne.)* Petite Madame, je suis positivement charmé de faire votre connaissance n'est-ce pas… Permettez-moi de me présenter : Hubert de la Mortadelle, et voici mon épouse Jacinthe de la Mortadelle. Pourriez-vous nous conduire à nos appartements afin que nous puissions y déposer nos affaires.

(La mère continue à éplucher ses légumes.)

JACINTHE - Mon bon ami, son absence de réaction m'interpelle. Il semblerait qu'elle n'ait pas compris la question.

HUBERT - En effet, c'est tout à fait troublant. Sans faire d'investigations trop poussées, je dirais que cette femme est soit mal entendante, soit intellectuellement limitée n'est-ce pas…

JACINTHE - Mon bon ami, votre sens de l'analyse est toujours aussi aiguisé, vos hypothèses me semblent incontournables.

HUBERT - Pourtant elle avait l'air de saisir les propos du Maire. Essayons de nous faire comprendre par le biais du chauffeur, son langage archaïque doit lui être certainement plus accessible n'est-ce pas ? Chauffeur, approchez je vous prie. Pourriez-vous traduire à cette… personne, notre souhait.

BÉBERT - Faites excuses madame, mais qu'est-ce que j'en fais de ces deux-là ?

LA MÈRE - Les chambres sont occupées, il reste le grenier. Vous trouverez des couvertures dans l'armoire du couloir.

HUBERT - Pardon, je crains de n'avoir pas…

BÉBERT - Bon, écoutez vous n'êtes pas tout seuls, alors c'est par-là, pour les réclamations on verra plus tard. *(Il les pousse vers la porte qui mène à* l'étage.) Ouf! Vous parlez d'une plaie ces deux-là. Bon, récapitulons : les de la Mortadelle, Josiane, Mlle Rose… Mais c'est que j'ai pas mon compte moi! Où sont-ils encore fourrés les autres? (Il sort par la porte qui mène au poulailler.)

LA MÈRE - Eh bien, on n'a pas fini de s'amuser! Mais qu'est-ce que je vais faire de tous ces malpropres. Ça pose à peine un pied dans la maison que déjà ça se croit tout permis. Une pleurnicheuse qui va certainement user tous mes mouchoirs. Jeanne, je la connais, va sûrement lui en proposer… L'autre hystérique, comment c'est déjà? Ah oui, Josiane! Elle fait la câline et la décontractée, si je la laisse faire, je vais la retrouver à manger dans mon assiette. Les deux pingouins n'en parlons pas, déjà qu'on comprend que la moitié de ce qu'ils racontent, en plus ils veulent se donner des airs intelligents. Et le chauffeur disait que c'était pas fini, qu'est-ce qu'il va me ramener encore : un orang-outan, un martien, ou que sais-je? Et tout ça parce que cette garce de Mme Robic a accepté d'en héberger. Je la connais, la vieille peau, elle a dû me réserver tous les tocards. À tous les coups elle a fait ça uniquement pour m'embêter.

JEANNE (entrant) - Tu parles toute seule la mère?

LA MÈRE - Ouais ça me calme.

JEANNE - T'inquiète pas, ça va bien se passer.

LA MÈRE - De toute façon, nous n'avons plus le choix, maintenant que nous avons laissé le loup entrer dans la bergerie.

(Arrivée de Bébert.)

BÉBERT - Allez venez mais venez donc bon sang, ne faites pas l'enfant ! (On le voit tirer sur un bras qui résiste.) Bon, ça suffit maintenant, venez ou je me fâche, non mais! Ici au pied, allez on se dépêche!

(Apparition de Raymond, tout rougissant, recroquevillé sur lui-même.)

Je vous présente Raymond, un charmant garçon, un peu timide peut-être, mais vous verrez il n'est pas désagréable quand on le connaît. Raymond, dis bonjour aux dames.

(Jeanne s'approchant, lui tend la main.)

JEANNE - Bonjour Raymond.

HÉBERT - À l'autre dame maintenant.

(Raymond fait non de la tête.)

Eh bien alors Raymond !

(Raymond refait non de la tête.)

Eh ben alors mon gars, qu'est-ce qui ne va pas ?

(Raymond se penche à l'oreille de Bébert qui écoute.)

(S'adressant à la mère.) Il est persuadé que vous allez lui faire du mal. Il a été terrorisé par votre accueil.

(La mère, qui épluchait un poireau se lève, le poireau dans une main, un couteau dans l'autre.)

LA MÈRE - Mais enfin que ce pauvre garçon se calme, je ne vais pas le manger.

(Raymond sursaute, va se réfugier derrière Bébert.)

HÉBERT - Raymond ! Qu'est-ce qu'il y a encore ?

(Raymond se repenche à l'oreille de Bébert.)

Il demande que vous lâchiez ce que vous avez dans la main.

(La mère brandissant le poireau.)

LA MÈRE - Quoi, mon poireau !

(Raymond fait non énergiquement de la tête et montre du doigt l'autre main.)

LA MÈRE - Ah! *(Elle pose son couteau.)* Ne vous inquiétez pas, je ne vais pas vous faire de mal. Vous n'avez pas l'air pire que les autres. Jeanne! Tu l'installeras dans la chambre jaune.

JEANNE - Entendu la mère. Venez M. Raymond, n'ayez pas peur, je vous montre le chemin.

(Raymond cherche l'assentiment de Hébert qui acquiesce de la tête.)

BÉBERT - Allez-y, je vous suis.

(Raymond sort.)

Et voilà, emballé, c'est pesé. Au suivant!

LA MÈRE - Y'en a encore beaucoup comme ça?

BÉBERT - Si je compte bien il devrait m'en rester un. Ah, ben justement le voilà.

(Arrivée de M. Yakati, il se courbe en deux pour saluer.)

YAKATI - Que la vénérable assistance veuille me pardonner mon retard, je ne suis qu'un vil vermisseau que la passion a égaré. Je le confesse, je suis resté prendre quelques photos. Que notre estimable hôtesse me le pardonne. Je suis M. Yakati, bénie soit votre demeure qui s'est trouvée sur notre chemin. Que les vents célestes déclenchent une pluie de roses, afin de rendre hommage à votre bonté.

BÉBERT - Les vents célestes pour le moment, ils ont surtout apporté un bel arbre et une pluie d'emmerdements, si vous voyez ce que je veux dire M. Yakati.

YAKATI - Oh! Mais c'est tout à fait intéressant, permettez. *(Il prend toute une série de photos sous différents angles.)* Qu'est-ce que c'est?

BÉBERT - Un poireau, M. Yakati.

YAKATI - Et ça se mange?

BÉBERT - Un peu mon neveu! Je ne vois pas ce qu'on peut faire d'autre avec un poireau. Vous pouvez toujours essayer de le mettre en bouquet pour l'offrir à la Saint Valentin. Ça marcherait peut-être au Japon, mais ici, faut voir, faut voir.

YAKATI - C'est tout à fait passionnant! *(Il reprend une série de photos.)*

BÉBERT - On l'appelle l'asperge du pauvre.

YAKATI - L'asperge?

BÉBERT - Ouais, chez vous on dirait que c'est la pousse de bambou du pauvre, vous comprenez?

YAKATI - La pousse de bambou du pauvre?

HÉBERT - Non laissez, ce n'est pas grave. Laissez-moi vous conduire à votre couchage. Vous auriez une idée où je peux le caser?

LA MÈRE - Celui-là, vous le mettez dans ma chambre.

HÉBERT - Pardon?

LA MÈRE - Vous le mettez dans ma chambre je vous dis!

HÉBERT - D'accord, d'accord, vous fachez pas. Après tout chacun ses goûts.

LA MÈRE - Oh doucement! Je vous vois venir avec vos allusions, il dormira dans ma chambre, mais seul. Moi, je dormirai ici. *(Elle désigne un vieux canapé.)*

YAKATI - Que l'honorable hôtesse pardonne mon insolence, mais je ne peux accepter son royal cadeau. Le moucheron ne peut pas dormir dans le lit de l'araignée.

LA MÈRE - Que le moucheron se calme, l'araignée ne va pas l'manger. Elle lui prête sa toile, c'est tout.

BÉBERT - Mais pourquoi vous faites ça?

17

LA MÈRE - De quoi j'me mêle ? Ça ne vous regarde pas… mais j'vais vous le dire quand même… d'abord, il a une bonne bouille, ensuite, c'est le seul qui m'ait saluée avec respect, et enfin, il s'intéresse à mes poireaux. Ça vous suffit comme explication ?

BÉBERT - Alors là !

LA MÈRE - Vous verrez Jeanne, elle vous montrera la chambre.

BÉBERT - Bon ben d'accord. *(S'inclinant vers M. Yakati.)* Si votre seigneurie veut bien se donner la peine.

(Ils sortent, entrée de Josiane.)

JOSIANE - C'est vraiment pas possible ! Ça ne collera pas cette histoire, où elle est la patronne ? Ah, la voilà ! Écoutez, faut faire quelque chose, me trouver une autre piaule, je ne vais pas passer la nuit avec l'autre ravagée.

LA MÈRE - C'est qui l'autre ? Y en a tellement.

JOSIANE - Vous savez bien la pleureuse. Depuis qu'elle est arrivée, elle me refait les chutes du Niagara en direct. Moi, gentille au début, j'ai voulu la consoler la copine, mais penses-tu, elle n'écoutait pas… perdue qu'elle était dans ses bruits de tuyaux… et que je renifle, et que je hoquette… Alors moi je dis qu'il faut faire quelque chose.

LA MÈRE - Laissez-la pleurer, elle pissera moins cette nuit.

JOSIANE - C'est pas pour ça qu'elle me réveillera pas, je sens qu'elle va perdre ses eaux toute la nuit. Je ne vais jamais pouvoir pioncer moi !

LA MÈRE - Si vous n'êtes pas contente, il doit rester de la place au grenier.

JOSIANE - Avec les deux fadas qui n'arrêtent pas de snober tout le monde. *(Imitant Hubert.)* Ma pauvre amie, qu'allions-nous faire dans cette galère n'est-ce pas ? Merci bien ! Je préfère encore garder ma neurasthé-nique.

(Entrée d'Hubert.)

HUBERT - Écoutez chère Madame, j'ai énormément apprécié votre plaisanterie concernant notre couchage au grenier. Nous avons ri : ah ah ah ! bien !… Ce moment d'hilarité générale étant passé, n'est-ce pas, quelle chambre pensez vous nous donner ?

LA MÈRE - Le grenier.

HUBERT - Écoutez chère Madame, soyons francs, il semblerait que certains aient bénéficié de passe-droit que je qualifierai d'abusif n'est-ce pas. Aussi, étant arrivés dans les premiers, en toute équité, je vous demande de réparer cette injustice en expédiant certains retardataires au grenier n'est-ce pas, au besoin *(Sort son portefeuille.)* je saurai vous remercier.

LA MÈRE - Au grenier !

HUBERT - Mais enfin Madame…

LA MÈRE - Je ne vais pas discuter, c'est ça ou le poulailler.

(Hubert sort, très digne.)

JOSIANE - Et moi qu'est-ce que je fais alors ?

LA MÈRE - Z'êtes sourde ou quoi ? J'ai dit c'est ça ou le poulailler !

(Josiane sort. Arrivée du Maire, dans la salle.)

LE MAIRE - Mme Guezec, Mme Guezec !

LA MÈRE - Qu'est-ce que c'est encore ?

LE MAIRE - C'est qu'il y a un petit problème Mme Guezec.

LA MÈRE - Dites toujours.

LE MAIRE - L'orage a fait plus de dégâts que prévu : les communications sont coupées et en aval il y a eu un terrible éboulement qui obstrue la route sur plus de vingt mètres.

La mère - Ce qui veut dire ?

Le maire - Ce qui veut dire que les services de l'équipement ne sont pas prêts d'arriver jusque chez nous pour remettre le pont en état.

La mère - Mais alors…

Le maire - Mais alors il va falloir s'organiser Mme Guezec. Vos invités vont certainement rester plus longtemps que prévu. Allez bon courage Mme Guezec. *(Il sort.)*

LA MÈRE - Eh ben ça promet !

Jeanne - Ça va la mère, on commence à s'organiser, quel camping !

La mère - Jeanne !

Jeanne - Oui la mère ?

La mère - Prépare le désinfectant, les parasites sont parmi nous !

FIN DU PREMIER ACTE

ACTE II

On entend le chant du coq. Jeanne est dans la salle, elle dispose de la paille dans un coin puis revient avec un panier.

JEANNE - Bonjour les poulettes, vous avez l'air de bonne humeur aujourd'hui, j'espère que la nuit vous a inspirée, mais oui ! *(Elle se baisse près d'une spectatrice, sort un œuf et le montre à tous.)* Mais oui, c'est bien ma poule, bravo ma cocotte, alors on n'était plus stressée ? C'est bien tata Jeanne est contente. Oh il n'y a pas de quoi glousser les coqs, vous n'étiez pas fiers non plus la dernière fois avec l'orage. *(Elle arpente à nouveau l'allée centrale, se baisse à nouveau, ressort un œuf.)* Bien poupoule bien ! Vous savez mes poulettes, vous avez intérêt à pondre, parce qu'on a du monde à nourrir. Alors avis à celles qui ne pondent pas, à défaut d'œufs, on mangera de la poule au pot, à bon entendeur salut.

(Elle sort, le rideau s'ouvre, la mère qui était allongée sur le vieux canapé se lève péniblement.)

LA MÈRE - Aïe, aïe, mes pauvres os, je suis toute courbaturée. Mais quelle idée j'ai eu de donner mon lit, quelle idée ! Mais je suis folle moi ! *(Elle met sa robe de chambre, se lève geignant, fait chauffer de l'eau, elle passera le café à l'aide d'une louche.)*

(Jeanne entrant, saisit un saladier au passage et pose son panier sur la table. elle sortira une douzaine d'œufs du panier pour les mettre dans le saladier.)

Jeanne - Bonjour la mère alors bien dormi ? Ça ne devait pas être très confortable cette nuit sur le canapé. Mais quelle mouche t'a piquée des fois je ne te comprends pas…

La mère - Occupe-toi de tes affaires, de toute façon si tu veux savoir, j'ai dormi comme une négresse.

Jeanne - Comme une négresse ?

La mère - Ben oui, tu ne connais pas l'expression « J»ai dormi comme un noir ». Comme je suis une femme eh bien j'ai dormi comme une négresse.

Jeanne - J'ai dormi comme un loir ! La mère, on ne dit pas comme un noir, on dit un loir…

La mère - Encore une fois tu cherches à avoir raison mauvaise graine. Faut toujours que tu contredises ta mère.

Jeanne - Mais la mère, ce n'est pas pour te contredire, je t'assure.

La mère - Si le père avait été là, tu ne l'aurais certainement pas provoqué comme ça.

Jeanne - T'énerve pas la mère.

(Arrivée de Bébert, des baguettes de pain sous le bras.)

Bébert - Bonjour mesdames. Bonjour Mlle Jeanne, bonjour Mme Guezec, bien dormi ?

La mère - Comme une négresse.

Bébert *(prend un air interloqué, se tourne vers Jeanne)* - Qu'est-ce qu'elle dit ?

Jeanne - Laissez c'est pas grave, donnez-nous plutôt les nouvelles du village.

BÉBERT - Pas fameuses les nouvelles, l'orage a occasionné des dégâts sur toute la région. Le plan Orsec a été déclenché mais les secours apparemment sont débordés, alors vous pensez votre patelin avant que quelqu'un s'y intéresse…

LA MÈRE - Eh bien, nous voilà propres !

BÉBERT - Ce qui veut dire que vous allez garder vos invités encore quelque temps. Le Maire avait raison, Mme Guezec, mais ne vous inquiétez pas, vous serez certainement indemnisée.

LA MÈRE - La question n'est pas là, je n'en veux pas de vos sous, ce que je veux moi, c'est qu'on me fiche la paix. *(Elle sort.)*

BÉBERT - Pas commode la mère…

JEANNE - Faut la comprendre, elle n'est pas habituée au monde…forcément ça l'énerve.

BÉBERT - Heureusement que la fille a l'air plus avenante.

JEANNE – Méfiez-vous des apparences, je sais mordre moi aussi.

BÉBERT - Je n'en doute pas Jeanne, vous permettez que je vous appelle Jeanne, vous savez, je vais vous faire une confidence, personnellement je suis ravi de ce qui nous arrive, cette ambiance champêtre, ça me change un peu des odeurs de gas-oil, ça me dépayse quoi ! Moi, j'suis un gars du bitume, ma mangeoire, c'est la cafétéria du supermarché et mon étable, c'est l'hôtel du carrefour, alors pouvoir me poser un peu, ça me fait tout drôle. C'est plutôt sympa, à petite dose, bien entendu, faut pas charrier tout de même…parce que moi, j'suis pas du style à regarder pousser le même arbre pendant des plombes, au bout d'un moment, ça aurait même tendance à me gonfler, mais un peu de chlorophylle de temps en temps, ça n'fait pas d'mal.

JEANNE - C'est comme moi, lorsque je vais à la ville, un peu de lèche-vitrines, ça ne me fait pas de mal, mais de là à y vivre…

BÉBERT - On n'est décidément pas faits pour s'entendre vous ne trouvez pas ?

JEANNE - Pardon ?

BÉBERT *(crie)* - Je dis que nous ne sommes pas faits pour nous entendre.

JEANNE - Ne criez pas comme ça, on ne s'entend plus.

BÉBERT - C'est ce que je dis.

JEANNE - Qu'est-ce que vous dites ?

BÉBERT - Je dis qu'on ne s'entend plus.

JEANNE - J'avais compris, sacré Bébert, décidément nous ne sommes pas faits pour nous entendre.

BÉBERT - Il me semblait bien aussi.

JEANNE - Ça ne m'empêche pas de vous trouver sympathique, vous venez m'aider à étendre les draps dans le jardin ?

HÉBERT - Ça sera un plaisir pour moi.

(Ils sortent. Par l'autre côté arrivent Rose et Raymond.)

ROSE - Venez, allons je vous en prie, venez, n'ayez pas peur, il n'y a personne, vous ne craignez rien.

(Raymond fait timidement son apparition.)

Il y a même du café qui nous attend. Voulez-vous un café Raymond ?

(Raymond acquiesce.) Asseyez-vous, je vais vous servir.

RAYMOND - Non, non, c'est moi qui vais vous servir, asseyez-vous.

ROSE - Vous êtes gentil Raymond mais laissez, ça me fait plaisir. Oh il y a de la confiture ! Vous en prenez Raymond ?

RAYMOND - Je veux bien.

(Elle sort trois pots qu'elle met sur la table.)

Vous prenez du lait ?

ROSE - Oui, volontiers.

(Raymond tend le bras et verse le lait sur la main de Rose, éclaboussant au passage son chemisier.)

RAYMOND - Oh excusez-moi, je suis vraiment désolé.

ROSE - Laissez Raymond, ce n'est pas grave et puis je suis habituée.

RAYMOND - Que voulez-vous dire ?

ROSE - Vous savez, je suis née avec la malchance, il y a des gens comme ça… La guigne m'a toujours poursuivie et plusieurs fois rattrapée, ça a commencé, j'étais toute petite, mes parents, avant qu'ils ne meurent dans un accident, m'avaient raconté que vers 13 ou 14 mois, lorsque j'ai fait mes premiers pas, j'ai réussi à marcher du pied gauche sur un change complet souillé, eh bien, ça ne m'a pas porté bonheur. Je ne me plains pas, j'ai eu des instants agréables malgré tout… Tenez, par exemple l'année où j'ai failli avoir mon permis de conduire, je m'en rappelle, c'était la cinquième fois que je le passais, eh bien j'aurais pu l'avoir si j'avais pu éviter le car de police qui m'avait grillé la priorité. L'inspecteur a été intraitable : « Vous devez rester maître de votre véhicule en toutes circonstances » qu'il m'a dit. Enfin bref, tout ça pour vous dire que c'est cette année là que j'ai fait un merveilleux voyage : l'Égypte, vous connaissez ? Les pyramides, le sphinx, FA-BU-LEUX… Le retour a été moins agréable, parce qu'on a été détourné par des pirates de l'air, mais globalement c'était bien, j'ai eu des moments agréables, je ne me plains pas. C'est après mon voyage en Égypte que ça s'est dégradé. J'étais restée six mois en arrêt par ce qu'en arrivant à l'aéroport, je m'étais cassée le col du fémur en descendant d'avion. Lorsque j'ai voulu reprendre mon travail, j'ai vu que mon patron ne m'avait pas attendue pour partir avec la caisse.

Alors pour me changer les idées, j'ai eu envie de faire ce petit voyage. J'ai eu des moments agréables je ne me plains pas mais des fois je ne sais pas ce que j'ai… je craque. Beuh ! Heu ! Heu !

RAYMOND - Rose, ne pleurez pas, s'il vous plaît, ne pleurez pas.

ROSE - Beuh ! Heu ! Heu !

RAYMOND *(très affairé, finalement trouve un torchon, lui tend, elle se mouche bruyamment dedans)* - Là c'est fini, c'est fini, quand on s'appelle Rose on n'a pas le droit de pleurer, séchez vos larmes, vous allez abîmer vos pétales.

ROSE *(s'arrête, le fixe et repleure bruyamment)* - Beuh ! Heu ! Heu !

RAYMOND - Qu'y a-t-il Rose ?

ROSE - C'est l'émotion… on ne m'avait jamais parlé comme ça. Beuh ! Heu ! Heu !

(Arrivée de Josiane.)

JOSIANE - C'est pas possible, elle est encore en train de beugler, mais elle n'arrête pas ! Avec les litres de larmes qu'elle débite à la minute, tu l'emmènes en Afrique, en un rien de temps elle fait reculer les limites du désert, une vraie pompe à eau. Le problème en ce moment, c'est que les seuls qu'elle pompe, ben c'est nous, pas vrai Raymond ? Oh mais c'est qu'il y a du café et de la baguette bien fraîche, mais c'est Byzance, on ne se refuse rien… Oh ! La pleureuse ! Faudrait voir à mettre en sourdine, vous allez me gâcher l'instant.

RAYMOND - Vous n'avez pas le droit de lui parler comme ça.

JOSIANE - Mais il parle le petit Raymond, j'ai toujours pensé qu'il était muet.

RAYMOND - Vous n'avez pas le droit de lui parler comme ça.

JOSIANE - Il ne connaît pas beaucoup de mots mais il parle.

RAYMOND - Vous n'avez pas le droit de lui parler comme ça.

JOSIANE – Ah là, y a comme un problème, il est rayé le disque à Raymond, on va être obligé de retirer la pile.

ROSE - Vous n'avez pas le droit de lui parler comme ça.

JOSIANE - Voilà la fontaine qui s'y met aussi.

ROSE - Vous n'avez pas le droit de lui parler comme ça.

JOSIANE - Si vous faisiez du théâtre tous les deux, vous ne seriez pas embêtés pour apprendre votre texte *(ânonne.)* « Vous n'avez pas le droit de lui parler comme ça, vous n'avez pas le droit de lui parler comme ça… »

ROSE - Venez Raymond, ne restons pas là.

JOSIANE - C'est ça, allez prendre l'air, vous commencez à me polluer.

(Ils sortent.)

C'est pas vrai des clients pareils ! Faut avoir le moral pour les supporter, j'ai pas encore pris mon petit déj' que déjà ils me filent des boutons. J'espère qu'ils vont l'enlever vite fait leur saloperie d'arbre parce qu'autrement je sens que je vais grimper au rideau. *(Elle prend une baguette entière, la coupe dans le sens de la longueur et entreprend de la beurrer.)* Bon c'est pas l'tout, j'ai les crocs moi ! *(Elle fouille dans le placard, sort plusieurs casseroles qu'elle empile n'importe où, elle trouve une poêle, casse 3 œufs, qu'elle fait sur le plat. Elle se sert un café, elle commence à manger en trempant sa baguette dans son bol.)*

(Entrée d'Hubert et de Jacinthe. Ils saluent Josiane d'un air pincé.)

HUBERT - Mademoiselle… Venez chère amie, nous allons pouvoir nous restaurer quelque peu. Pouvons-nous prendre place ?

JOSIANE - Ouais, vaudrait mieux vous asseoir parce que si vous restez debout, vous allez me couper l'appétit.

JACINTHE - Mon bon ami, pourriez-vous avoir l'obligeance de me préparer une tartine, cette nuit blanche dans cet affreux grenier m'a épuisée, je crains de ne pouvoir faire quoique ce soit aujourd'hui.

HUBERT - Mais certainement ma mie, cette situation n'est pas tolérable, espérons qu'elle ne se renouvellera pas n'est-ce pas… *(Il fouille lui aussi, trouve un presse-fruits, il pressera deux, trois oranges et laissera les écorces traîner.)*

JACINTHE - Il me semble entendre encore le bruit des pattes de ces affreuses petites souris qui déambulaient sur le plancher brrr… rien que d'y repenser, j'en frémis.

HUBERT - Calmez-vous ma chère, ce cauchemar est terminé, nous allons, je l'espère sans tarder, reprendre la route, et laisser sans regrets cette immonde bicoque.

JACINTHE - Puissiez-vous dire vrai mon bon ami.

JOSIANE *(parlant la bouche pleine)* - Chi chcomprends bien vous n'êtes pas chatichfaits ?

HUBERT - Pardon ?

JOSIANE - Si j'ai bien compris, pas gègène la piaule.

JACINTHE - Hubert mon bon ami, je crains de ne pas tout comprendre, auriez-vous la bonté de me traduire les propos de mademoiselle.

HUBERT - Il me semblerait, ma mie, que mademoiselle compatisse à notre malheur n'est-ce pas.

JACINTHE - Non ?

HUBERT - Mais si très chère.

JOSIANE - Remarquez les souris, c'est pas ce qu'il y a de pire, non le pire, ce sont les rats. Moi je me rappelle une fois, c'est pas des conneries, croix d'bois, croix d'fer, si j'mens, j'vais en enfer, j'en ai vu un qui faisait 30 cm sans compter la queue, vous imaginez ça, tiens ça faisait à peu près la taille de votre bout d'pain.

(Jacinthe observe son bout de baguette d'un air de plus en plus dégoûté.)

Vous vous rendez compte du morceau, c'est comme si vous teniez un rat dans la main.

(Jacinthe porte sa main à la bouche, se lève et sort.)

Eh bien alors on n'a plus faim ? Vous êtes sûr qu'elle n'est pas enceinte vot' dame ? Moi j'ai eu une copine, dès qu'elle a eu le ballon et ben elle gerbait tous ses p'tits déj's.

HUBERT - Jacinthe attendez-moi. *(Il sort.)*

JOSIANE - Plus c'est snob, plus c'est mal poli, ça fait des manières en débarquant, mais pour partir ça dit même pas au revoir. Oh ! Du camembert ! Je vais me faire une tartine camembert confiture, j'adore ça. *(Elle balance négligemment le couvercle.)*

(Arrivée de la mère.)

LA MÈRE *(apercevant le désordre sur la table)* - Mais qu'est-ce que c'est que ce chantier dans ma cuisine ?

JOSIANE - Ah ben vous voyez, on casse la croûte.

LA MÈRE - Faut pas vous gêner !

JOSIANE - C'est quoi le problème ? Vous voudriez que j'aille manger où ? Sur le tas de fumier ?

LA MÈRE - Quand on sait pas on d'mande.

JOSIANE - Faut pas pousser tout de même, il ne faudrait pas croire qu'on est là pour le plaisir ou pour vos beaux yeux. Vous vous en foutez vous, vous n'êtes pas en vacances, vous vous rendez compte qu'actuellement je suis en train de gâcher mes vacances ?

LA MÈRE - Rien à faire de vos vacances, moi j'en ai jamais pris alors vous pensez que je vais m'apitoyer sur vot' sort !

JOSIANE - Égoïste !

LA MÈRE - Attention ma petite, ne commencez pas comme ça, vous êtes sous mon toit.

JOSIANE - Votre toit, parlons-en, bonjour l'accueil, en plus vous avez vu avec qui vous m'avez mise ? Avec « Miss ouin ouin », vous parlez comme c'est agréable. Alors faut pas vous étonner si j'ai les nerfs… Enfin bref, restons sur un bon souvenir, on ne va pas s'engueuler juste avant le départ. Simplement je n'inscrirai pas votre nom dans le guide Michelin, c'est tout.

LA MÈRE - Figurez-vous que vous n'êtes pas encore partie.

JOSIANE - Qu'est-ce que vous voulez dire ?

LA MÈRE - Que je vais devoir encore vous supporter, mais faudra quand même voir à pas trop exagérer. Parce que celle qui voudra me commander dans ma maison, n'est pas encore née.

(Entrée de Jeanne et Bébert.)

JEANNE - Qu'y a-t-il donc la mère ?

LA MÈRE - Je te l'avais dit Jeanne, les parasites sont parmi nous, je te l'avais dit. *(Elle sort.)*

JOSIANE - Complètement cinglée la vieille, je n'ai jamais vu une agitée pareille.

JEANNE - Attention vous, soyez polie avec la mère, sinon vous allez avoir affaire à moi.

JOSIANE - Ah bon v'là aut' chose, à peine débarrassée de la mère, que voilà la fille qui s'y met.

HUBERT - Ah Mademoiselle, je suis bien aise de vous trouver, je vous cherchais. Figurez-vous que je préfère m'adresser à vous plutôt qu'à votre pauvre maman qui apparemment n'a plus toute sa tête, n'est-ce pas.

BÉBERT - Si elle vous entendait, elle serait ravie.

HUBERT - Mon épouse est assez déprimée après les épreuves de cette nuit. Aussi, nous avons pris la décision sans plus attendre de quitter cette maison. Auriez-vous l'obligeance de nous appeler un taxi.

BÉBERT - Mais c'est pas possible !

HUBERT - Écoutez mon ami ne m'importunez pas en ce moment, vous défendez les intérêts de votre compagnie de transport, c'est tout à fait louable de votre part, mais sachez que notre décision est irrévocable ; les conditions d'accueil et d'hébergement ne nous incitent pas à rester un seul instant de plus, n'est-ce pas…

BÉBERT - Je vous dis que ce n'est pas possible.

HUBERT - Votre insistance devient agaçante chauffeur.

BÉBERT - Mais écoutez-moi bon sang, toutes les communications sont interrompues depuis cette nuit, et quand bien même vous pourriez prévenir qui que ce soit, il ne serait pas en mesure de vous secourir, la route est coupée dans les deux sens. Alors vous faites comme tout le monde, vous patientez.

JOSIANE - Mais la mémé avait raison, on est bloqués comme des rats.

HUBERT - Oh vous ça suffit avec vos rats. *(Se tournant vers Jeanne.)* Écoutez mademoiselle, si le chauffeur dit vrai…

HÉBERT - Le chauffeur, il commence à chauffer le chauffeur, il a un nom le chauffeur, alors si on ne veut pas l'énerver le chauffeur, il faudra voir à démocratiser nos relations. N'est-ce pas ?

HUBERT - Mais je…

JOSIANE - Si on en est au chapitre des réclamations je m'inscris, vu qu'on va passer quelques jours ensemble, sans vous commander, à mon avis il faut réorganiser l'hôtellerie. Ah si, si, il y a des pleureuses qu'on pourrait mettre au poulailler par exemple…

HUBERT - Si le mot « France » a encore un sens pour vous, vous ne laisserez pas un étranger, même pas blanc, si vous voyez ce que je veux dire, dormir dans une chambre, alors que de vrais français, patriotes, sont réfugiés au grenier.

JEANNE - Écoutez calmez-vous.

JOSIANE - Vous n'avez qu'à agir et on se calmera.

HUBERT - Tout à fait mademoiselle, il faut agir.

(La mère entre une fourche à la main.)

LA MÈRE - Ça suffit les doryphores, ras le bol les parasites, personne ne fera la loi chez la mère Guezec. Alors fichez-moi le camp, chacun dans sa chambre, vous sortirez lorsque je vous le dirai. Allez ouste, on dégage, on dégage…

(Ils sortent.)

JEANNE - Ça va la mère ?

LA MÈRE - Dégage toi aussi, mauvaise graine, c'est toi qui as semé l'ivraie dans le blé, c'est de ta faute, jamais je n'aurais dû t'écouter. Allez file !

JEANNE - Tu es injuste la mère.

LA MÈRE - File je te dis.

(Jeanne sort après un temps de silence.)

LA MÈRE - Des incapables et des fainéants, me voilà bien lotie avec ça, et dire qu'il va me falloir les supporter que je le veuille ou non, je suis coincée. C'est pourtant pas l'envie qui me manque de les faire coucher au poulailler, le nez dans le purin, là ils auraient enfin des raisons de râler. Mais au train où vont les choses, c'est bientôt moi qui vais me retrouver au poulailler. Si je continue à les laisser brailler comme ça, je ne serai plus maîtresse dans ma propre maison. Ah si t'avais été là le père, les choses seraient certainement différentes. Un homme ça en impose, sûr qu'ils ne se seraient pas permis tout ce qu'ils ont fait… mettre ma maison sens dessus dessous, venir baver dans ma cuisine, merci bien, y a pas à chiquer, faut que j'réagisse.

YAKATI *(qui est entré pendant la réplique de la mère)* - L'épervier est plus fragile que le renard mais son regard est plus perçant

LA MÈRE - Ah c'est vous! Vous avez failli me faire peur! Ça veut dire quoi votre charabia?

YAKATI - Ça veut dire estimable hôtesse que vous devez prendre de la hauteur pour analyser la situation.

LA MÈRE - Prendre de la hauteur! Vous voulez que je fasse comme mes poules, que j'me mette sur un perchoir et que j'attende que ça se passe?

YAKATI - Je n'ai pas dit ça respectable hôtesse, Lao Tseu a dit : « Travailler sans réfléchir est inutile, mais réfléchir sans travailler est nuisible ». Il vous faut donc agir, mais intelligemment.

LA MÈRE - Facile à dire, vous avez vu la bande de détraqués qui a débarqué. De vrais envahisseurs. Ils veulent manger dans ma gamelle, ils ont cherché à coloniser ma cuisine.

YAKATI - En toute humilité, moi qui ne suis qu'un pauvre petit ver de terre, je peux vous suggérer un conseil.

LA MÈRE - Dites toujours.

YAKATI - Comme dit le proverbe chinois : « Si tu donnes un poisson à un homme qui a faim, tu le nourris pour la journée, si tu lui apprends à pêcher, tu le nourris pour la vie. »

LA MÈRE - Et alors ?

YAKATI - Ça veut dire qu'il faut les impliquer davantage dans l'organisation, il faut leur donner des tâches.

LA MÈRE - Encore une fois, facile à dire, ils ont tous des réflexes de gosses gâtés, ils attendent d'être servis et lorsque ça ne vient pas, ils râlent. Je ne les connais pas beaucoup mais j'ai bien compris leur système.

YAKATI - Le défi est rude mais exaltant, Tokyo ne s'est pas fait en un jour. Mais je sens que vous y arriverez parce que vous avez en vous la force du tigre et la malice du babouin.

LA MÈRE - Vous croyez ?

YAKATI - Et puis, si vous daignez accepter ma modeste collaboration, je ferai tout ce qui est en mon pouvoir pour vous aider.

LA MÈRE - Eh bien d'accord, topez là M. Yakati, vous avez raison, face à l'invasion des barbares, non seulement on va réagir, mais en plus on va les éduquer. Tenez-vous bien les touristes, la mère Guezec contre-attaque. J'en connais plus d'un qui va rire jaune, pas vrai M. Yakati ?

FIN DU DEUXIÈME ACTE

ACTE III

M. Yakati et Raymond sont dans la salle, Raymond est devant les premiers rangs où se trouvent souvent des spectateurs enfants.

YAKATI - M. Raymond, laissez les poulets tranquilles, venez plutôt par ici, si vous le voulez bien. Voyez-vous M. Raymond il est temps de rationaliser la production. Vous allez me noter toutes celles qui ne pondent pas.

RAYMOND - Qu'est-ce qu'on en fera M. Yakati ?

YAKATI - On leur fera hara-kiri, M. Raymond, hara-kiri, couic couic.

RAYMOND *(regardant le public)* - Pauvres petites bêtes, c'est affreux.

YAKATI - C'est la sélection, c'est normal M. Raymond, couic couic, hi hi hi… couic couic, vous êtes trop émotif M. Raymond.

RAYMOND - Je n'y peux rien M. Yakati c'est ma nature, je ne supporte pas la violence.

YAKATI - Comme dit Mitsubishi : « La sensibilité est un moteur, la sensiblerie est un frein. » Vous devez surmonter vos émotions M. Raymond.

RAYMOND - Je sais bien M. Yakati, mais nous vivons dans un monde de brutes, j'ai tellement peur de me faire agresser.

YAKATI - M. Raymond, même le jeune lion dort avec ses griffes.

35

RAYMOND - Qu'est-ce que ça veut dire M. Yakati ?

YAKATI - Vous avez en vous un potentiel d'agressivité qui ne demande qu'à s'exprimer si vous savez l'exploiter.

RAYMOND - Moi ? Je ne ferais pas de mal à une mouche.

YAKATI - Vous avez raison M. Raymond, la mouche est notre amie, il nous faut la respecter, la violence n'est pas une fin en soi, vous ne devez l'utiliser que pour détendre la veuve et l'orphelin. Vous connaissez le kung-fu ?

RAYMOND - Le kung-fu ?

YAKATI - C'est un art martial mais aussi et surtout une philosophie. Si vous daignez écouter le vil vermisseau que je suis, alors je vous apprendrai le kung-fu.

(Le rideau s'entrouvre, la tête de Rose apparaît, elle a un bandage autour de la tête.)

ROSE - Raymond vous pourrez venir me refaire mon bandage s'il vous plaît.

YAKATI - Qu'est-ce qui lui est arrivé ?

RAYMOND - Elle s'est pris une corniche d'armoire ancienne sur la tête. *(À Rose.)* Ne vous inquiétez pas Rose, je viens vous voir après ma leçon de kung-fu.

(Il disparaît en coulisses avec M. Yakati. Le rideau s'ouvre.)

ROSE - Sa leçon de kung-fu, que voulait-il dire par-là ?

(Arrivée de Josiane et de Jacinthe.)

JOSIANE - Tiens, Ramsès II est là ! Vous perdez jamais une occasion de vous faire remarquer vous.

JACINTHE - Si vous aviez accepté le grenier à la place de votre chambre comme je vous l'avais si gentiment proposé, la corniche de l'armoire ne vous serait pas tombée dessus ma pauvre fille.

JOSIANE - Si vous cherchez du boulot, vous devriez vous faire embaucher comme paratonnerre, avec vous, on est peinard, vous marchez 50 mètres devant et vous prenez toute la foudre sur les baskets. Si ce foutu car redémarre et qu'on se retape un orage, on pourra toujours suggérer l'idée à Bébert.

JACINTHE - Désopilant, tout à rait désopilant.

ROSE - Beuh euh euh…

(Elle sort sous les rires de Josiane et de Jacinthe.)

JOSIANE - Ça fait du bien de rire, pas vrai ?

JACINTHE - Absolument chère amie, vous m'avez fait découvrir cette vertu, sans cela, je plongeais dans une affreuse déprime. Vous m'avez surtout enseigné une vérité première, tout à fait fondamentale : dans le malheur, il nous faut toujours regarder plus malheureux et rire de ses infortunes.

JOSIANE - Tout juste ma poule, ce n'est pas très moral mais ça marche. Mlle Rose est venue au monde uniquement pour ça, pour servir de mesure-étalon à la malchance. Quand vous êtes à deux doigts de prendre une tuile sur le coin du nez, vous regardez Mlle Rose qui s'est pris une armoire sur la tronche, alors à ce moment là, vous appréciez à sa juste valeur le bol que vous avez. Pas vrai que j'ai raison ?

JACINTHE - De toute façon, dans ce contexte barbare, nous n'avons plus, ni le temps de nous montrer généreux, ni le choix d'être élégant, seuls les forts s'en sortiront, aussi nous devons être forts.

JOSIANE - Bien raisonné ma vieille !

JACINTHE - Votre parler est toujours aussi surprenant, mais je dois reconnaître toutefois que vous avez un sens du jugement assez affiné.

JOSIANE - Si on en est à se passer la pommade, je peux vous dire que vous êtes finalement moins gourde qu'on pourrait le croire, si si, mais revenons au sujet. Moi je dis qu'il ne faut pas baisser sa garde, on doit rester dos au mur parce qu'autrement on va se faire bouffer et pas seulement par celles qu'on croit.

JACINTHE - Vous avez raison, ces paysannes sont manipulées, c'est évident.

JOSIANE - Si personne ne s'en était mêlé, on aurait passé quelques jours peinards, plus ou moins confortables pour certains, c'est vrai… mais bon… le camping… ça peut être marrant parfois… Mais non à côté de ça, on s'est retrouvé en camp de travail.

JACINTHE - Avec obligation pour tous de participer aux travaux collectifs, vous vous rendez compte de l'incongruité de la situation, pour moi qui ai une domestique tout au long de l'année, me retrouver à exécuter des tâches subalternes, c'est un comble !

JOSIANE - Moi, si je râle, c'est pas tout à fait pour les mêmes raisons. J'aime pas les règlements, j'aime pas qu'on décide à ma place. Chez moi j'fais la vaisselle une fois par semaine quand j'ai épuisé la pile d'assiettes propres… Et puis si j'ai un poil dans la main, ben je ne voudrais surtout pas l'abîmer en le frottant trop souvent… alors quand la mère Guezec ou sa fille viennent me commander, je n'aime pas ça.

JACINTHE - Il faut partager le travail qu'elles disaient.

JOSIANE - Quand je leur ai dit : « J'aime pas partager moi, c'est tout ou rien, alors je préfère vous donner ma part… »

JACINTHE - Elles n'ont pas aimé du tout, de même que lorsque je leur ai montré ma carte « American Express » afin de monnayer leurs services…

JOSIANE - Elles se sont mises à vous regarder de haut, ces effrontées.

JACINTHE - Les rustres !

JOSIANE - Les ploucs !

(Arrivée d'Hubert.)

HUBERT - Eh bien mesdames peut-on connaître la raison de votre courroux ?

JACINTHE - Toujours la même, mon bon ami, vous le savez bien nous ne supportons plus ces contraintes imbéciles.

JOSIANE - Ça fait trois jours qu'on se tape la vaisselle.

HUBERT - Et moi, vous croyez que j'en ai pas soupé de balayer toute la maison, et encore… ce n'est rien à côté de ce qui m'attend : J'ai regardé le planning, demain, je suis de corvée de latrines, mais oui ma chère, vous avez bien entendu, je dois nettoyer les lieux d'aisance, moi, Hubert de la Mortadelle, c'est absolument insensé, n'est-ce pas ?

JACINTHE - J'entends bien mon pauvre ami, mais qu'y pouvons nous ?

JOSIANE - Moi je dis qu'il y en a ras le bol, il nous faut réagir, et pis d'abord si nous en sommes là, c'est bien à cause de Yakati, cette face de citron.

HUBERT - Mademoiselle Josiane, je partage votre opinion ce nippon est un fripon !

JOSIANE - Et même s'il vient du Japon…

HUBERT - Ce n'est pas une raison…

JOSIANE - Pour qu'il vienne nous peler l'oignon…

HUBERT - Et faire la loi dans la maison…

JOSIANE - Nous utiliser comme des pions…

HUBERT - Sans même que nous réagissions…

JOSIANE - Et ron et ron petit patapon…

JACINTHE - Vous avez parfaitement raison, l'heure est venue, contre-attaquons.

HUBERT - Que pensez-vous faire ma mie, auriez-vous un plan, une idée pour nous sortir de ce guêpier ?

JACINTHE - Nous devrions faire grève !

HUBERT - Voyons ma pauvre amie, cette idée me paraît tout à fait ridicule et déplacée. Un « de la Mortadelle » ne peut se mettre en grève, comme vous dites, comme un vulgaire prolétaire, n'est-ce pas, même dans l'adversité, conservons malgré tout notre dignité.

JACINTHE -Mon bon ami, comprenez bien mon propos, un tel acte serait en fait un acte de résistance face à l'idéologie étrangère. Réagir, ne pas collaborer, c'est se montrer Français et fier de l'être.

HUBERT - Vous croyez ?

JOSIANE - Mais bien sûr qu'elle a raison vot' bourgeoise, on ne va pas continuer à se faire marcher sur la tête, révoltons-nous !

JACINTHE et **HUBERT** - Révoltons-nous !

(Arrivée de Raymond.)

RAYMOND - Je m'excuse de vous déranger, mais Jeanne m'a chargé de vous appeler, je crois qu'il y a du boulot en bas.

JOSIANE - Tiens voilà le petit caniche qui rapplique, c'est un gentil chien-chien ça !

HUBERT - Une mentalité d'esclave ce garçon, je l'ai tout de suite vu au premier coup d'œil. Remarquez il en faut bien… tant qu'on ne se mélange pas.

Jacinthe - Vous avez raison Hubert, on ne mélange pas torchons et serviettes.

Josiane - Alors le torchon il va aller gentiment se torcher ailleurs. Ça vous dérange pas de vous faire traiter comme une carpette mon petit Raymond?

Raymond - Le philosophe est au-dessus de toute insulte.

Josiane - Ah ben, Monsieur philosophe à présent, vous entendez ça?

Raymond - Je suis devenu un adepte du kung-fu, je me suis forgé un mental à toute épreuve, je suis devenu imperméable au mépris. Maintenant venez sans faire d'histoires, sinon, je vais devoir faire une démonstration de ma nouvelle force afin de vous convaincre.

Josiane - Ben allez-y mon petit Raymond, vous gênez pas.

(Raymond prend une profonde inspiration, puis met un pied en avant et exécute quelques savants gestes de karaté, ponctués de vibrants « oh yo! ». Josiane après l'avoir observé, au bout d'un instant, se plante devant lui et lui administre une claque magistrale.)

Non mais ça suffit, on se calme.

(Raymond encore à moitié sonné, sort de sa poche un petit livre, le compulse.)

Raymond - « La témérité est sœur de la folie, la prudence est mère de la sûreté ». Je reviendrai quand j'aurai étudié le prochain chapitre…

Josiane - C'est ça, casse-toi!

(Raymond sort.)

Hubert - Permettez-moi de vous féliciter Mlle Josiane. *(Il lui fait un baisemain.)* Vous forcez mon admiration, quelle présence d'esprit, quelle rapidité.

Jacinthe - Vous lui avez rabattu le caquet à ce jeune présomptueux.

Josiane *(contemplant sa main)* - Toute petite déjà, fallait pas me chercher, ça va, je n'ai pas perdu la main.

(Arrivée de Jeanne.)

Jeanne - Qu'est-ce que vous faites, Raymond n'est pas venu vous prévenir ?

Les Trois - Si !

Jeanne - Eh bien alors ?

Josiane - On ne bouge plus.

Jacinthe - Nous en avons assez fait.

Hubert - Vous dégoterez d'autres larbins, pour vos occupations rurales ma petite.

Jacinthe - Nous en avons soupé de ce goulag.

Josiane - Vous nous laissez respirer, maintenant on fait grève qu'on vous dit.

(Tous les trois s'assoient autour de la table.)

Jeanne - Non mais regardez-moi ça, vous parlez d'une bande d'ingrats ! On les loge, on les nourrit et voilà les remerciements !

Hubert - Écoutez ma petite, il me semble que vous êtes mal placée pour nous faire la morale. Vous assistez à un simple réajustement des valeurs, voilà tout. Sachez qu'un « de la Mortadelle » n'a pas été traité de la sorte depuis 1789, je ne vais pas supporter un instant de plus vos positions jacobines, ce n'est pas parce qu'on nous a imposé votre boui-boui que nous sommes tenus d'exécuter toutes les basses besognes, de surcroît sous la surveillance d'un certain asiatique qui jouit quant à lui de privilèges tout à fait ahurissants. Ah elle est belle la France profonde !

JEANNE - Certainement qu'elle est belle, et elle le serait dix fois plus, s'il n'y avait pas de gens comme vous pour venir la défigurer. Parce que vos ancêtres ont pété dans la soie, vous vous croyez tout permis ! Renseignez-vous, même si l'argent est toujours roi, le servage est aboli depuis longtemps… Oh je vois bien que vous nous regardez de haut, que vous nous prenez pour des ploucs, des péquenauds. Mais dites-vous bien que vous aurez toujours plus de fumier dans votre cœur qu'on en a sur les mains, et ce ne sont pas vos attitudes de mijaurées qui y changeront quelque chose. Quant à vous Josiane, arrêtez de baigner dans votre égoïsme, vous allez finir par vous y noyer… Ah oui un dernier truc, ça vous en bouche un coin qu'on ait pu sympathiser avec M. Yakati, pas vrai ? Eh bien, c'est certainement parce que contrairement aux apparences, c'est lui qui s'est montré le plus respectueux. La mise au point étant faite, je vous rappelle que vous n'êtes pas à l'hôtel, alors je vous attends en bas, y a du boulot. *(Elle sort.)*

JOSIANE - C'est trop fort, si elle cherche à nous impressionner avec ses discours, elle peut toujours se brosser.

JACINTHE - Quelle outrecuidance, non mais vous l'avez entendu mon ami ?

HUBERT - Je partage votre avis et au risque de vous paraître trivial, je reprendrai l'expression de Mlle Josiane : « Elle peut toujours se brosser ».

JACINTHE - Tout à fait mon ami, elle peut toujours se brosser !

(Arrivée de M. Yakati et de Raymond.)

YAKATI - Que l'honorable assistance veuille bien me pardonner de venir ainsi troubler sa quiétude, mais Mlle Jeanne réclame de l'aide.

HUBERT - Écoutez monsieur, nous avons déjà donné réponse à votre laquais, votre insistance devient parfaitement déplacée, laissez-nous je vous prie.

YAKATI - Permettez-moi d'insister, comme dit le proverbe chinois : « Le miel nourrit la ruche seulement si les abeilles s'activent ». Aussi ne croyez-vous pas que nous devrions nous activer ?

JOSIANE - Eh bien activez-vous si vous le voulez, mais fichez-nous la paix.

YAKATI - Nos estimables hôtesses ont à cause de nous une surcharge de travail, il est donc tout à fait normal que nous participions à la bonne gestion de cette maison, si vous n'êtes pas d'accord, vous pouvez toujours partir. Si vous acceptez de rester, vous devez obéir aux lois de la collectivité.

JOSIANE - Écoutez mon petit pote, ce n'est pas parce que chez vous on vit comme des fourmis qu'il faut venir imposer sa loi ici.

RAYMOND - La seule loi que l'on veut établir, c'est la loi de l'égalité. Nous sommes tous dans le même bateau et il n'est pas normal que certains paradent sur le pont tandis que d'autres s'activent aux machines.

YAKATI - Laissez M. Raymond, mon cœur saigne de n'avoir pu convaincre nos amis, mais je crois que seule une démonstration de force peut les persuader de la véracité de nos propos. *(Il se dirige vers la cheminée, prend une bûche, la tend à Raymond.)* Honorable disciple, pouvez-vous me tenir cela ?

(Raymond s'exécute, il tient la bûche à bout de bras, M. Yakati se concentre et du tranchant de la main, fend la bûche.)

TOUS - Oh !

YAKATI - Maintenant vénérable assistance, sans vous commander, je vous invite à me suivre.

HUBERT - Hum hum, mais certainement cher monsieur, j'allais vous en prier, tout bien réfléchi, il me semble tout à fait opportun d'aller soulager Mlle Jeanne, n'est-ce pas ?

JACINTHE - Absolument mon ami, un peu d'air nous fera le plus grand bien.

JOSIANE - Vous avez des arguments béton, on s'en voudrait de ne pas les suivre.

VAKATI - Mon cœur se réjouit de vous voir pénétrer sur la voie de la sagesse, M. Raymond, pourriez-vous ranger la cuisine s'il vous plaît.

RAYMOND - Ne vous inquiétez pas M. Yakati, c'est comme si c'était fait.

(Ils sortent. Raymond ramasse les morceaux de bois, fait un peu de rangement… arrivée de Rose.)

ROSE - Raymond, je vous cherchais partout, je suis bien aise de vous voir. Pourriez-vous me rendre un petit service ?

RAYMOND - Avec joie Rose, vous le savez bien, demandez-moi ce que vous voulez.

ROSE - Je n'arrive pas à ouvrir mon sac toute seule parce que je viens de me coincer les doigts dans une porte. Comme j'ai un peu pleuré, j'aurais souhaité me remaquiller.

RAYMOND - Mais tout de suite Rose, tenez, asseyez-vous. *(Il veut déplacer la chaise, au moment où elle s'assoit, elle tombe par terre.)* Oh là là, je suis désolé, je voulais vous rapprocher la chaise.

ROSE *(se relevant)* - Laissez, ce n'est pas grave, et puis j'ai de la chance, je crois que je n'ai rien de cassé.

RAYMOND - Si cela avait été le cas, je m'en serais voulu toute ma vie.

ROSE - C'est vrai, vous portez un peu d'attention à ma personne ?

RAYMOND - Plus que vous croyez.

(Rose cherche à ouvrir son sac, il l'aide, elle sort un poudrier et un bâton de rouge à lèvres.)

Laissez-moi faire. *(Il prend le poudrier, tamponne doucement les joues de Rose.)* À partir d'aujourd'hui, je ne veux plus voir ces yeux pleurer, un peu de poudre de perlimpinpin pour piéger le chagrin… Voilà ! Et maintenant, ne bougez pas… *(Il prend le tube de rouge à lèvres.)* Je vais dessiner pour vous les contours du bonheur. *(Il lui refait les lèvres.)* Goûtez-le, n'ayez pas peur, goûtez-le… Quand on a goûté au bonheur, on en redemande toujours, et peu à peu, on apprend à l'apprivoiser. Je vous aiderai si vous le souhaitez.

ROSE - Bien sûr Raymond.

RAYMOND - Grâce à vous, moi aussi je reprends goût à la vie. Qu'est-ce que c'est que ça ? *(Il sort du sac un billet de loto.)*

ROSE - C'est un billet de loto, je ne sais pas pourquoi je joue d'ailleurs puisque je ne gagne jamais.

RAYMOND - Quelque chose me dit qu'aujourd'hui vous avez gagné au moins un lot. *(Il se montre du doigt.)*

ROSE - Vous croyez ?

(Arrivée de la mère et de Jeanne, la mère tient le journal dans la main.)

LA MÈRE - En voilà toujours deux qui ont l'air bien guillerets.

RAYMOND - Tout va pour le mieux. C'est le journal d'aujourd'hui ?

LA MÈRE - Bien sûr, je ne vais pas acheter celui d'hier. Les communications sont rétablies qu'ils disent, vous allez pouvoir repartir.

RAYMOND - Je peux vous l'emprunter deux secondes ? *(Il prend le billet tout en lisant le journal.)* Youpi ! Youpi ! Venez Rose ! *(Il l'entraîne par la main, ils sortent.)*

LA MÈRE - Y a pas à dire, ils sont tout de même un peu spéciaux les gens de la ville.

JEANNE - N'empêche, on n'était pas si mécontents de les avoir quelques jours, ça a fait tout de même quelque chose d'entendre tant d'agitation dans cette maison, pas vrai ? Ça a bousculé un peu nos habitudes, qu'en penses-tu la mère ?

LA MÈRE - Pas fâchée que certains s'en aillent en tout cas.

JEANNE - La dernière fois qu'il y a eu autant de bruit dans la maison, je m'en souviens comme si c'était hier, et pourtant j'étais toute petite. C'était l'année où le père s'est en allé. Ils avaient tous tenu à manifester leur solidarité en nous aidant à ramasser la récolte de betteraves. Oh j'dis pas qu'ils l'avaient fait par amitié, plutôt par devoir... n'empêche, ils l'avaient fait... Ils avaient travaillé toute la journée dans les champs, et toi, tu les avais nourris. Je me souviens surtout du soir, après le travail accompli, quand on s'était retrouvés tous autour de la table que tu avais dressée dans la grange. Après les traditionnelles plaisanteries d'usage auxquelles moi, petite fille, je ne comprenais pas grand chose, un d'entre eux avait sorti son accordéon. Les sons qu'il en avait tiré avaient la couleur de ce soir là, ils mariaient à la fois la tristesse et le plaisir... Depuis ce fameux soir, plus un homme n'est entré pour s'asseoir autour de la table. Tu as vendu les vaches et la plupart des terres et tu t'es emmurée dans ta fierté pour ne devoir rien à personne.

LA MÈRE - Jeanne, je ne te permets pas.

JEANNE - Je constate la mère, rassure-toi, je ne te juge pas, je constate simplement.

LA MÈRE - Facile de constater quand on ne sait pas. À l'époque, j'étais encore jeune, les coureurs de dots et les donneurs de conseils ne manquaient pas dans le pays. Je peux te le dire, il y en a plus d'un qui aurait voulu me consoler... À tel point que ça a commencé à faire des histoires, à faire jaser... De bonnes âmes ont fait courir le bruit que j'étais une voleuse de maris, une briseuse de ménage. Alors pour couper court à tout ça, j'ai vendu la plupart des terres et le troupeau avec et j'ai fait savoir à tous que ma maison n'était pas une auberge. Vois-tu ma fille, ma réputation, mais surtout la tienne, était à ce prix.

JEANNE - Mais tu ne m'avais jamais dit ça!

LA MÈRE - Tu ne me l'avais jamais demandé. Ne va pas croire que ta mère est une vieille imbécile, même maintenant je sais encore faire la différence entre les pète-sec prétentieux et les autres… Moi aussi il y en a certains que je vais regretter.

(Arrivée de Bébert.)

BÉBERT - C'est reparti mon kiki! La route est dégagée, je suis venu vous dire au revoir et merci.

JEANNE - Au revoir ou adieu?

BÉBERT - Ah non plutôt au revoir parce qu'il y a des chances pour que je repasse par-là plus souvent.

JEANNE - Ah bon et pourquoi donc?

BÉBERT - Pour le plaisir de vous revoir pardi! Et aussi parce que je vais connaître plein de monde dans ce village. Savez-vous que vous allez avoir de nouveaux voisins?

LA MÈRE - De nouveaux voisins?

BÉBERT - Et oui, c'est reparti mon kiki, mais sans Yakati, il reste là et pas que lui d'ailleurs, tiens!

(Entrée de M. Yakati, Raymond et Rose.)

Ils vous expliqueront ça mieux que moi. Allez au plaisir! Au fait, vous vous en doutiez, les autres ronchons Mortadelle et compagnie sont déjà dans le car. Ils préfèrent partir comme des voleurs, même pas la délicatesse de dire merci, ça leur arracherait la gueule, enfin… à la revoyure … et encore merci pour tout. *(Il sort.)*

LA MÈRE - Qu'est-ce que c'est que cette histoire de voisinage M. Yakati ?

YAKATI - Mes associés et moi-même avons de grands projets, nous allons acheter en face de chez vous.

ROSE - J'ai gagné le gros lot au loto, vous vous rendez compte, j'ai gagné !

RAYMOND - Et nous allons nous marier !

YAKATI - En réunissant nos finances et notre savoir-faire, nous avons décidé d'ouvrir un hôtel-restaurant puisqu'il n'y en a pas dans le village. Après une bonne campagne publicitaire, je sais que beaucoup de mes compatriotes feront le détour.

ROSE - Et un routier chinois c'est original comme formule, les camionneurs seront séduits.

RAYMOND - Vous pourrez ainsi écouler votre production de poulets sans problèmes, car naturellement nous espérons vous compter parmi nos fournisseurs.

LA MÈRE - Jeanne !

JEANNE - Oui la mère ?

LA MÈRE - Pas la peine de ranger le désinfectant, je sens que dans peu de temps les parasites seront à nouveau parmi nous.

FIN

AVIS IMPORTANT

Cette pièce de théâtre fait partie du répertoire de la Société des Auteurs et Compositeurs Dramatiques, 11 bis rue Ballu 75442 PARIS Cedex 09. Tél. : 01 40 23 44 44. Elle ne peut donc être jouée sans l'autorisation de cette société.

Nous conseillons d'en faire la demande avant de commencer les répétitions.

Première édition, dépôt légal : juillet 1999
N° d'édition : 991301
ISBN : 2-84422-111-4